IV. C

RÉPUBLIQUE FRANÇAISE

MINISTÈRE DE LA GUERRE

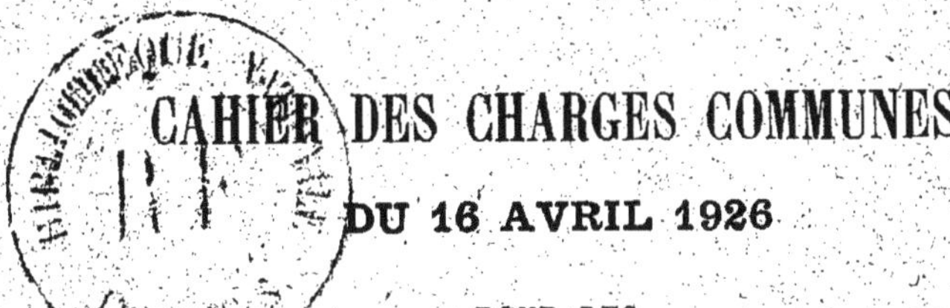

CAHIER DES CHARGES COMMUNES

DU 16 AVRIL 1926

POUR LES

FOURNITURES DE CERTAINES DENRÉES

A EFFECTUER PAR MARCHÉS DE LIVRAISON

DANS LES

MAGASINS DES SUBSISTANCES MILITAIRES

CHARLES-LAVAUZELLE & Cie

Éditeurs militaires

PARIS, Boulevard Saint-Germain, 124

LIMOGES, 62, Avenue Baudin | 53, Rue Stanislas, NANCY

1926

MINISTÈRE DE LA GUERRE

**Direction de l'Intendance militaire : Bureau des Vivres
et des Fourrages.**

*Cahier des charges communes pour les fournitures de certaines
denrées à effectuer par marchés de livraison dans les magasins des subsistances militaires.*

Document abrogé : *Cahier des charges communes du 18 janvier 1921 pour
les fournitures de certaines denrées à effectuer par marchés de livraison
dans les magasins des subsistances militaires.*

Paris, le 16 avril 1926.

TITRE PREMIER. -

Conditions générales et objet des fournitures.

Art. 1er. Les conditions générales des fournitures sont régies :

1° Par le cahier des clauses et conditions générales applicables
aux marchés de fournitures du Département de la guerre du
1er août 1921.

2° Par l'instruction relative aux marchés du Département de
la guerre du 21 novembre 1921.

3° Par le présent cahier des charges communes.

Le service consiste à livrer, dans les lieux et aux époques fixés,
les quantités de denrées prévues au marché.

CONDITIONS QUE DOIVENT RÉUNIR LES FOURNITURES.

Art. 2. Les conditions générales de qualités et de provenance
que doivent remplir les principales denrées du service des subsistances militaires sont stipulées au titre II du présent cahier
des charges. Les conditions particulières à remplir par ces denrées sont indiquées par le cahier des charges spéciales à la fourniture envisagée.

Pour les denrées non visées au titre II du présent cahier des
charges, les conditions à remplir sont déterminées par le cahier

des charges spéciales à chaque fourniture ou indiquées dans le marché.

MODE DE PRÉSENTATION DES OFFRES.

Art. 3. 1° Pour les offres uniques, la limitation inférieure sera de 50 à 100 quintaux.

2° Pour les offres multiples :

a) Lorsque les quantités à acheter seront inférieures ou égales à 3.000 quintaux, la limitation inférieure sera fixée à 500 quintaux;

b) Lorsque les quantités à acheter seront comprises entre 3.000 et 10.000 quintaux, la limite inférieure sera fixée à 1.000 quintaux;

c) Lorsque les quantités à acheter seront supérieures à 10.000 quintaux, la limite inférieure sera égale au dixième de la fourniture.

CAHIER DES CHARGES SPÉCIALES (1).

Art. 4. Un cahier des charges spéciales, approuvé par le directeur de l'intendance, fait connaître la fourniture à effectuer ainsi que les conditions particulières du marché et donne toutes indications de détail nécessaires.

Il détermine, en particulier: le mode d'adjudication ou de marché à passer; la nature et la quantité des denrées à livrer; le maximum et le minimum (la différence étant toujours comprise dans la limite du quart du maximum) entre lesquels peut varier la fourniture lorsqu'il ne s'agit pas d'un marché à quantités fixes; les tolérances en plus ou en moins, le temps que la fourniture concerne, le mode de fractionnement par livraisons échelonnées, s'il y a lieu; le mode de livraison de la marchandise : logée ou non logée; dans le premier cas, les caisses, fûts, sacs, etc..., servant d'enveloppes aux marchandises seront en bon état et resteront la propriété de l'administration sans indemnité pour les fournisseurs; ils figureront en nombre sur les récépissés comptables établis par le réceptionnaire; dans le deuxième cas, les récipients seront restitués au fournisseur;

Les délais accordés pour effectuer la fourniture totale ou bien

---

(1) Un cahier des charges spéciales préparé par le directeur de l'intendance, pour chaque place et chaque denrée et qui servira de modèle-type, sera soumis une fois pour toutes à l'approbation du Ministre à qui il ne devra être rendu compte, par la suite, que des modifications essentielles qui y auront été reconnues nécessaires.

chacune des fractions de la fourniture si celle-ci doit être effectuée par fractions échelonnées;

Le montant des cautionnements; le délai de réalisation du cautionnement en nature;

Le délai maximum imparti à l'administration pour procéder à l'examen et à la prise en charge des denrées présentées;

La limite au delà de laquelle, dans les cas prévus aux paragraphes 3° et 4° de l'article 40 du cahier des clauses et conditions générales du 1er août 1921, l'administration pourra résilier le contrat et passer un marché par défaut;

Les mesures prévues en cas de non-enlèvement par le fournisseur des denrées définitivement refusées;

Les conditions particulières à remplir par les diverses denrées en dehors des conditions générales ci-dessus ou qui doivent être spécialement fixées pour chaque fourniture.

Les principales de ces dernières fixations sont :

1° Pour les blés, les avoines et les orges : la proportion des graines étrangères à tolérer; les déchets de criblage maxima; le poids minimum à l'hectolitre;

2° Pour les haricots, la proportion maximum de grains défectueux; le poids minimum à l'hectolitre; la proportion des grains de diverses couleurs, s'il y a lieu.

Le cahier des charges spéciales donne également le modèle de la soumission à déposer et indique l'ordonnateur chargé du mandatement des acomptes et de l'établissement du mandat pour solde.

CAUTIONNEMENTS.

Art. 5. Lorsqu'il y a lieu de réaliser un cautionnement définitif, il peut être remplacé par une affectation hypothécaire dans les conditions prévues à l'article 86 de l'instruction du 21 novembre 1921 relative aux marchés du Département de la guerre, ou bien par la présentation d'une caution solidaire; cette dernière doit être agréée par la commission d'adjudication.

Exceptionnellement, lorsque la fourniture ne comporte pas plusieurs livraisons, le cautionnement peut être remplacé, sur demande insérée dans la soumission, par un cautionnement en nature du dixième de la fourniture. Dans ce cas, le délai de réalisation est fixé par le C. C. S., de telle sorte qu'en cas de non-exécution l'administration militaire ait le temps nécessaire pour assurer par défaut la fourniture. Sous peine d'encourir la résiliation de son marché, le fournisseur ne pourra se soustraire à son engagement qu'en justifiant de la réalisation dans le même délai du cautionnement en numéraire.

Les cautionnements en numéraire sont remboursés par voie de virement de compte.

PRIX MOYEN POUR CHAQUE ADJUDICATION DE PLUSIEURS LOTS.

Art. 6. Si un adjudicataire a stipulé dans sa soumission des prix différents pour divers lots d'une même denrée, l'adjudication est prononcée aux prix stipulés par lui; il est fait ensuite de ces prix une moyenne proportionnelle qui devient le prix définitif de son marché, et c'est ce prix qui est inscrit au marché.

Si le calcul donne, pour la valeur du prix moyen, plus de trois décimales, les dix-millimes sont négligés s'ils sont inférieurs à cinq et comptés pour un millime s'ils sont supérieurs ou égaux à cinq.

LIVRAISONS.

Art. 7. Les denrées sont livrées au quintal métrique, au poids net et déduction faite de toute tare.

Les livraisons sont effectuées :

Pour les grains, le riz, la farine d'orge, etc..., sur balance, au rez-de-chaussée des magasins militaires;

Pour le foin, les fourrages artificiels et la paille, à la porte des magasins et hangars ou au pied des meules; à la porte des établissements, si les voitures ne peuvent pénétrer à l'intérieur.

Lorsque le foin, les fourrages artificiels et la paille seront transportés par camions automobiles, ces véhicules devront être munis d'appareils extincteurs d'incendie.

Pour toutes les denrées, l'administration, si elle le juge utile, accorde au fournisseur une tolérance en plus ou en moins, dont la quotité est fixée, le cas échéant, par le cahier des charges spéciales, mais dont le maximum ne peut excéder, dans aucun cas, le vingtième de la fourniture totale.

Si les moyens d'emmagasinement n'y mettent aucun obstacle, ce dont l'administration reste seule juge, le fournisseur peut être admis à devancer le terme de ses livraisons.

Le maximum de denrées que l'administration s'engage à examiner en vue de la réception au cours d'une même journée est indiqué par le cahier des charges spéciales.

Le fournisseur a la faculté d'indiquer, soit par lettre préalablement aux livraisons, soit verbalement par l'intermédiaire de la personne qui présente les denrées en son nom, la composition des lots auxquels il entend conserver leur individualité, par exemple en vue de leur restitution éventuelle au vendeur; il peut également demander qu'au cas où le réceptionnaire jugerait inacceptable en totalité ou en partie un lot ainsi défini, ce lot lui soit intégralement rendu, étant entendu que de ce fait il renonce à faire appel de la décision de refus.

Faute d'indications précises dans ce sens, le réceptionnaire est fondé à n'accepter que les parties des livraisons qu'il juge conformes aux cahiers des charges, et à emmagasiner indistinctement ces parties; de même qu'il peut emmagasiner indistinctement les parties inacceptables, au cas où les fournisseurs ne les auraient pas fait enlever séance tenante.

En tout état de cause, si le fournisseur fait appel d'un refus, le réceptionnaire met préalablement de côté les parties acceptées par lui de façon à limiter le litige aux parties qu'il refuse

CONSTATATION DES LIVRAISONS.

Art. 8. Les récépissés délivrés par le réceptionnaire pour la constatation des livraisons effectuées indiquent, en ce qui concerne les denrées frappées d'un droit d'octroi à l'entrée des villes, si les fournitures ont été faites *intra* ou *extra-muros* ou dans un magasin constitué entrepôt d'octroi.

CONTESTATIONS A LA RÉCEPTION.

Art. 9. Si le réceptionnaire juge que les livraisons ne remplissent pas toutes les conditions exigées et si le fournisseur refuse de les remplacer, le litige est soumis à une commission d'appel dans les formes indiquées par le titre X de l'instruction du 21 novembre 1921 (1).

---

(1) Par exception, les différends relatifs à la fourniture des fourrages verts seront soumis à la commission prévue par le règlement sur le service dans l'armée.

Les pourvois et appels contre les décisions relatives aux réceptions font l'objet de l'article 28 du cahier des clauses et conditions générales du 1er août 1921.

L'instruction commune à tous les prélèvements et envois d'échantillons, qui figure comme annexe au présent cahier des charges communes, donne les renseignements nécessaires au sujet du prélèvement et de l'envoi des échantillons.

En cas de refus définitif, la denrée rejetée doit être retirée des magasins dans un délai qui ne dépassera pas quatre jours à compter du lendemain de la réception par le fournisseur : soit de la notification de refus si la commission d'appel n'a pas été réunie; soit de la notification de la décision de la commission d'appel (refus par la commission d'appel); soit de la notification de la décision ministérielle (refus par le Ministre).

REMPLACEMENT DES DENRÉES REFUSÉES.

Art. 10. En cas de refus définitif de denrées présentées en livraison (que la commission d'appel ait ou non été réunie), il est accordé au fournisseur, par le sous-intendant militaire local, pour le remplacement de la quantité refusée, un sursis de huit jours à compter du jour de la notification du refus.

Dans certains cas, dont le sous-intendant militaire reste juge, le délai de remplacement pourra être porté à trente jours au maximum.

En Algérie, en Tunisie et au Maroc, pour les denrées qui ne sont pas de production indigène, le délai de remplacement sera fixé en tenant compte de l'éloignement des places de livraison des ports d'importation, il pourra varier entre quinze et quarante-cinq jours.

RÉSILIATION DU MARCHÉ. — MARCHÉ PAR DÉFAUT.

Art. 11. La résiliation du marché aux torts et griefs de l'entrepreneur peut être prononcée par le Ministre dans les cas prévus à l'article 40 du cahier des clauses et conditions générales du 1er août 1921.

Conformément à l'article 41 de ce même document, le Ministre peut prescrire la passation d'un marché par défaut aux risques et périls de l'entrepreneur.

En principe, tout marché par défaut doit être passé aux conditions du marché primitif. Toutefois, lorsque, par suite de retards apportés par un fournisseur dans ses livraisons, il ne se trouve plus de denrée de la récolte indiquée à son contrat, le marché par défaut est passé pour de la denrée de la récolte suivante.

PÉNALITÉS EN CAS DE RETARD.

Art. 12. En cas de retard dans les livraisons, le fournisseur encourt des pénalités dont le taux est fixé par l'article 37 du cahier des clauses et conditions générales applicable aux marchés de fourniture du Département de la guerre.

CHARGES DE LA FOURNITURE.

Art. 13. Moyennant les prix stipulés au marché, sont au compte du fournisseur tous les frais de transport et camionnage jusqu'au lieu de livraison fixé par l'article 6 ci-dessus, ainsi que toutes pertes, déchets et avaries qui se produiraient jusqu'à la prise en charge par l'administration militaire.

Les droits d'octroi (y compris les droits d'octroi de mer en Algérie) sont à la charge de l'administration militaire (1).

A l'intérieur, les droits de douane sont à la charge du fournisseur et il ne lui sera tenu compte en plus ou en moins des augmentations ou des diminutions apportées à ces droits après l'adjudication que s'il s'agit de denrées de provenance exclusivement exotique.

Hors de la métropole, les droits de douane, lorsqu'ils sont exigibles, sont à la charge de l'administration militaire.

PRODUCTION DES TITRES DE CRÉANCE. — RÉCLAMATIONS.

Art. 14. Toutes les pièces justificatives de dépenses destinées à constater les créances du fournisseur sont produites dans le délai de quarante-cinq jours, à compter de l'expiration du trimestre pendant lequel les livraisons ont été effectuées.

Passé ce délai, le fournisseur sera passible d'une amende de 0 fr. 50 par 1.000 francs et par jour de retard, sans qu'il soit besoin de mise en demeure préalable.

L'administration de la guerre se réserve d'ailleurs le droit d'établir, d'office et aux frais du fournisseur, le décompte des

---

(1) Si le foin est livré en rames et si, le magasin militaire n'étant pas muni de balance-bascule, il y a lieu de recourir à la balance de la ville, le droit municipal est toujours à la charge du fournisseur.

fournitures à l'expiration du trimestre qui suit celui pendant lequel les livraisons ont été effectuées.

Toute réclamation relative à l'exécution du service doit être produite également dans le délai de quarante-cinq jours, calculé comme ci-dessus.

PAYEMENT DES FOURNITURES.

Art. 15. En principe, le payement des fournitures n'a lieu qu'en fin de livraison.

Dans la métropole, en Algérie et en Tunisie, tous les payements devront être faits par virements, soit en banque, soit, le cas échéant, au compte de chèques postaux, à l'exclusion de tout autre mode de règlement, y compris celui par chèques barrés.

Toutefois, les payements inférieurs à 500 francs pourront être faits, sur la demande du fournisseur, par mandats-cartes postaux, dont les frais d'envoi seront à sa charge.

Si le marché comporte une fourniture à livrer par fractions échelonnées, le fournisseur peut recevoir, sur sa demande, et sur production du décompte des quantités qui lui sont dues, au fur et à mesure de la livraison de chacune de ces fractions, un acompte dont l'importance ne dépasse pas :

À l'intérieur, les 5/6es;

En Algérie et en Tunisie, les 11/12es de la valeur de la livraison effectuée.

La fourniture terminée, le fournisseur produit une facture établie sur papier libre et dans la forme commerciale.

Muni de cette pièce, qui reste annexée à la facture administrative jusqu'à vérification et ordonnancement, le gestionnaire établit cette dernière et la fait signer par le fournisseur après lui avoir expliqué, par écrit, les causes des différences qui peuvent exister entre la facture administrative et la facture commerciale produite.

La signature du fournisseur est précédée des mots : « Approuvé les redressements de compte ci-dessus ramenant (ou portant, suivant le cas) le décompte total à la somme de : (en toutes lettres). »

Le dépôt de la facture commerciale dans les bureaux du sous-intendant militaire détermine la date du dépôt des titres de créance et des pièces de comptabilité.

Le sous-intendant militaire, après avoir vérifié et arrêté les décomptes ou la facture administrative, selon le cas, délivre des mandats pour les sommes acquises au fournisseur.

LIQUIDATION DES CRÉANCES.

Art. 16. Les décisions du Ministre portent liquidation d'une créance peuvent être réformées par lui dans le délai de deux mois, soit dans l'intérêt de l'Etat, soit dans celui des créanciers, pour causes d'erreurs matérielles, d'omissions, de faux ou doubles emplois. Lorsqu'il y a lieu à réclamation pour les clauses ci-dessus, le délai de pourvoi devant le Conseil d'Etat court du jour de la notification de la décision intervenue sur ladite réclamation.

TITRE II.

Provenance des denrées.

Art. 17. Les denrées doivent avoir la provenance indiquée soit dans le présent titre, soit dans le cahier des charges spéciales.

Par suite, l'indication, dans les offres déposées par les soumissionnaires, de la provenance des produits qu'ils ont l'intention de fournir, est inutile et sera considérée comme nulle et non avenue. Cette indication n'aura donc jamais pour effet de dégager les fournisseurs de l'exécution des dispositions qui fixent les conditions à remplir par les denrées.

DISPOSITIONS RELATIVES AUX DENRÉES CHARANÇONNÉES.

Art. 18. Pour les denrées livrées en sacs, quelles qu'elles soient, la présence ou la trace de charançons et de bruches à la surface extérieure des récipients ou dans la denrée sera, toujours un motif de refus immédiat, sans que le fournisseur puisse former appel.

Quand, au moment de la livraison, un lot sera reconnu contaminé, la partie non déchargée ne devra, sous aucun prétexte, être introduite en magasin. Quant à la partie du lot qui aurait pu être déchargée, l'enlèvement devra en être effectué immédiatement, s'il est possible, et, au plus tard, dans un délai qui ne pourra dépasser quarante-huit heures. Passé ce délai, il sera procédé à l'enlèvement, par les soins de l'administration, aux frais, risques et périls du fournisseur, dans les conditions indiquées au cahier des charges spéciales.

Les services locaux détermineront, suivant les circonstances, si les denrées refusées, non enlevées dans le délai imparti, doivent être mises en consignation ou réexpédiées aux frais du fournisseur ou vendues aux enchères par le ministère d'un officier public, le produit de la vente étant versé, au nom de l'intéressé, à la Caisse des dépôts et consignations.

BLÉ. — FROMENT.

Art. 19. Le blé doit être de qualité loyale et marchande.

Les mélanges, par le fournisseur, de blés, soit de qualités, soit de provenances différentes, sont formellement interdits.

Le seigle, l'orge, etc..., qui croissent naturellement avec le blé ne sont une cause d'exclusion de celui-ci que si leur proportion dépasse le pour cent fixé par le cahier des charges spéciales.

La tolérance admise ne s'applique qu'à la présence naturelle des graines étrangères; tout mélange artificiel est formellement interdit et rend le fournisseur passible des dispositions prévues par le cahier des clauses et conditions générales du 1er août 1921.

Le blé présenté en livraison devra remplir les conditions fixées par le cahier des charges spéciales relativement au poids spécifique et à la proportion de déchets de criblage et graines étrangères. Les tolérances admises et les réfactions correspondantes sont également fixées par le cahier des charges spéciales.

Sont exclus les blés ergotés, si faible que soit la proportion d'ergot.

Le mélampyre n'est une cause d'exclusion que lorsque les appareils de criblage du moulin dont dispose l'administration ne permettraient pas de l'enlever entièrement. Dans ce cas, le cahier des charges spéciales doit en faire mention.

RIZ.

Art. 20. Le riz doit être de la dernière récolte, bien sec, entièrement net, dégagé de toute matière hétérogène et de poussière, ainsi que de son enveloppe; sans odeur ni saveur désagréable.

Les grains doivent être entiers, bien nourris, d'une forme et d'un volume à peu près pareils; la denrée doit être propre à être mise immédiatement en distribution.

Lorsque le riz à acheter est destiné à entrer dans les approvisionnements, le cahier des charges spéciales indique que la proportion des brisures (1) ne doit pas excéder dix pour cent et celle des grains jaunes décortiqués trois pour cent et, en outre, que la denrée doit être susceptible de se conserver pendant un an à partir du jour de la réception.

Lorsque le marché à passer concerne du riz à utiliser pour l'alimentation des militaires indigènes, le cahier des charges spéciales spécifie qu'il doit être de qualité équivalente au riz « Saïgon n° 1 » avec 25 p. 100 de brisures au maximum (1).

HARICOTS.

Art. 21. Les haricots doivent être de la dernière récolte, de la bonne qualité de la contrée, bien nets, sains, bien nourris, luisants et coulants à la main, exempts de graines et de corps étrangers, dans un état de siccité naturel convenable, c'est-à-dire ne présentant pas une proportion d'humidité supérieure à celle déterminée chaque année par le Ministre après l'arrivée sur le marché des haricots de la nouvelle récolte, à moins d'indication contraire du cahier des charges spéciales.

Leur cuisson devra être parfaite en deux heures et demie d'ébullition au plus; une fois cuits, leur pellicule sera souple et sans résistance sous la dent : les pellicules détachées des grains seront en minime quantité.

La proportion des grains tachés, brisés et rachitiques ne doit pas dépasser 3 p. 100, à moins d'indication différente du cahier des charges spéciales, suivant les conditions de la récolte de la région. Les grains présentant simplement une tache superficielle et dont l'amande est saine ne doivent pas être considérés comme défectueux.

---

(1) On dénomme « brisures » les fractions de grain d'un volume inférieure à un demi-grain.

Est considéré comme « grain entier » toute partie de grain dont le volume est supérieur à la moitié de son volume original.

S'il se trouve une certaine proportion de « demi-grains » au sujet desquels il y a doute pour les classer comme « grains » ou « brisures », cette portion doit être partagée en deux parties égales : une partie est incorporée dans le lot « grains », l'autre dans le lot « brisures ».

Exemple : Sur 100 grammes de riz, il se trouve 7 grammes de brisures, 89 grammes de grains et 4 grammes de demi-grains douteux. Cela indique que l'échantillon de riz examiné comporte 9 p. 100 de brisures et 91 p. 100 de grains entiers.

Les grains ridés ne sont pas un motif d'exclusion lorsqu'ils sont sains et ne se retrouvent plus après la cuisson, c'est-à-dire lorsqu'ils ne sont pas un indice de mauvaise qualité ou de vétusté.

Toutefois, la proportion de ces grains ridés ne peut pas dépasser 10 p. 100, proportion au delà de laquelle la denrée présentée en livraison n'aurait plus l'aspect d'une marchandise de qualité loyale et marchande.

Le poids à l'hectolitre, mesuré à la trémie conique, varie de 75 à 82 kilogrammes. Le cahier des charges spéciales fixe le poids minimum à exiger suivant les conditions de la récolte de la région.

Les haricots doivent être blancs à l'exclusion de toute espèce de couleur, à moins d'indication différente du cahier des charges spéciales. Ce cahier des charges spéciales détermine alors les conditions particulières à remplir et fixe les proportions suivant l'état de la récolte locale et la situation des marchés.

Parmi les haricots de couleur, les espèces dénommées « grisailles », « gris tigré », « à l'œil » sont exclues de la fourniture. Les autres sortes les plus connues, telles que « cocos jaunes », « indiens jaspés » et « gris-longs » pourront être reçus indistinctement, si la denrée remplit les conditions indiquées ci-dessus. S'il entre plusieurs de ces sortes dans une même livraison, chacune d'elles devra être présentée séparément, de manière à faciliter la distinction de l'espèce et la constatation de la qualité.

Les haricots contenant de l'acide cyanhydrique, même en faible proportion, sont exclus des fournitures.

Les haricots de provenance exotique sont admis dans les livraisons, à l'exception, toutefois, des haricots non comestibles et nocifs, tels que ceux du Pérou, des Indes, etc.

En particulier, en ce qui concerne les haricots des Indes, les moyens de reconnaître leur présence dans un lot de cette denrée sont indiqués ci-après :

Caractères extérieurs. — Les fèves ou haricots des Indes offrent un mélange de teintes diverses; on en distingue souvent une quinzaine dans un même échantillon. La plupart des graines sont uniformément colorées; un certain nombre présentent des stries blanches sur fond noir ou violacé, ou des stries noires ou violacées sur fond plus clair et de teinte variable. D'autres sont même entièrement blanches.

Quelle qu'en soit la couleur, ces graines mesurent en moyenne 15^{mm} de long sur 10^{mm} de large; presque toutes sont plus aplaties que les variétés de haricots vulgaires et, contrairement à ce que l'on observe dans ces dernières, la côte de l'ombilic est presque rectiligne. Un caractère important consiste en ce que l'une des moitiés ou extrémités est plus large que l'autre, la plus étroite étant celle qui loge la radicule embryonnaire. La moitié la plus large, au lieu d'être régulièrement convexe sur le côté opposé à l'ombilic, se montre ordinairement plus ou moins tronquée. La forme de la graine ressemble alors quelque peu à celle d'un triangle scalène. Ce caractère est d'autant plus apparent que la graine est plus aplatie. En tout cas, lorsqu'il cesse d'être apparent, la différence de largeur des deux moitiés de la graine reste toujours reconnaissable dans la plupart des semences indiennes.

Procédé de recherche de l'acide cyanhydrique. — La recherche de l'acide cyanhydrique s'effectue au moyen de papier picrosodé de Guignard. Ce papier doit être préparé au moment du besoin, car il possède alors son maximum de sensibilité. Cette sensibilité diminue progressivement et plus ou moins rapidement avec le temps, et le papier réactif finit par être totalement inactif.

Pour préparer ce papier, faire dissoudre à chaud, dans 100 grammes d'eau distillée, 1 gramme d'acide picrique et ajouter, avant refroidissement complet, 10 grammes de carbonate de sodium cristallisé.

Tremper ensuite dans cette solution, très alcaline, des bandes de papier filtré et les essorer très légèrement.

La solution peut servir indéfiniment; elle laisse se former, par refroidissement, des cristaux qu'il suffit de redissoudre à une douce chaleur pour une nouvelle préparation de papier réactif.

Pour procéder à la recherche de l'acide cyanhydrique dans les haricots, opérer de la façon suivante :

Pulvériser grossièrement au moulin ou au mortier 5 à 10 grammes de la graine à examiner. Introduire la poudre dans un petit ballon, une fiole conique ou un flacon à large ouverture avec cinq fois son poids d'eau, de façon à former une pâte liquide. Suspendre le papier réactif au bouchon du récipient.

Si le papier n'a pas pris une teinte orangé-rouge après une douzaine d'heures à la température ordinaire, les haricots peuvent être considérés comme ne renfermant pas de glucoside cyanhydrique.

SEL.

Art. 22. Le sel doit être de bonne qualité, purgé des matières hétérogènes, suffisamment sec et débarrassé des matières terreuses et sablonneuses.

On doit admettre au maximum 1 p. 100 de matières insolubles et 8 p. 100 d'humidité.

La fourniture doit être faite en sel de saline ou en sel de mer, au gré de l'entrepreneur, pourvu que la denrée de l'une et de l'autre espèce remplisse les conditions exprimées ci-dessus.

SUCRE.

Art. 23. Le sucre peut être du sucre raffiné ou bien du sucre cristallisé, suivant les besoins à satisfaire.

1° Sucre raffiné.

Le sucre raffiné, en pains, en paquets, en morceaux dits « concassés » ou en granulés, suivant les conditions du cahier des charges spéciales, doit être exempt de sucre gris ou jaune, absolument blanc, parfaitement épuré, dur et sec. Quand la fourniture est faite en pains, l'administration admet une tolérance de débris qui s'étend au dixième de chaque livraison, en rejetant, toutefois, les morceaux qui ne pèsent pas 25 grammes.

2° Sucre cristallisé.

Le sucre cristallisé exigé doit être blanc, sans mélange, de qualité et de nuance au moins équivalentes au type n° 3 de la chambre de commerce de Paris déposé dans les magasins des subsistances militaires.

Il doit être bien sec, c'est-à-dire contenir au maximum 0,25 p. 100 d'eau et titrer au moins 98° saccharimétriques déterminés au saccharimètre.

Est également admis, lorsqu'il remplit toutes les conditions ci-dessus détaillées, le sucre du même type ayant une légère teinte azurée provenant de l'emploi, au moment de sa fabrication, d'une substance inoffensive.

La denrée est livrée logée ou non logée dans les conditions fixées par le cahier des charges spéciales.

Pour le sucre de provenance indigène, les sacs devront, au moment des livraisons, être munis de plombs apposés par la régie. Le numéro de ces plombs devra être le même que celui reproduit sur l'acquit à caution qui accompagne obligatoirement les sucres. Si le fournisseur est en mesure de produire le bulletin d'analyse établi par l'Administration des contributions indirectes, les indications analytiques 'pourront servir d'éléments d'appréciation pour la reconnaissance du titrage du sucre.

Pour les sucres exotiques, le fournisseur devra, au moment de la livraison, produire le certificat d'origine et le bulletin d'analyse de la douane.

Quelle que soit l'origine de la denrée, l'administration militaire se réserve le droit de faire procéder à l'analyse et à la reconnaissance du titre saccharimétrique par un pharmacien mitaire ou civil ou par un chimiste.

AVOINE.

Art. 24. L'avoine doit être de qualité loyale ét marchande, bien sèche, coulante à la main, exempte de mauvaise odeur (souris, grenier, bateau), de parasites végétaux (champignons du charbon, de la carie ou de l'ergot), de parasites animaux (charançon, alucite, etc...). Elle ne doit pas être mélangée de graines étrangères autres que celles récoltées avec l'avoine.

Elle est livrée dans son état naturel et ne doit pas donner un déchet supérieur à celui qui est fixé par le cahier des charges spéciales, l'épuration étant faite avec les appareils et les moyens déterminés par ledit cahier des charges spéciales.

Parmi les graines récoltées avec l'avoine, on doit distinguer : 1° les céréales; 2° les graines autres que les céréales et dans ces dernières les graines nuisibles.

Les premières sont : le froment, l'orge, le seigle, l'épeautre, le maïs, le sarrasin, la vesce, les pois, les féverolles.

Les secondes, destinées à disparaître en partie dans le criblage, sont : les graines de sanve, de jacée, de bluet, de nielle, de moutarde, d'ail, de coquelicot, de liseron, de trèfle, etc...

Les proportions tolérées en sus des fixations de base : 1° des céréales autres que l'avoine; 2° des corps étrangers et de graines autres que les céréales sont fixées par le cahier des charges spéciales.

En outre, selon les conditions locales de culture, le même document peut contenir une clause limitative, applicable spécialement à la graine d'ail

Le poids spécifique de base, ainsi que les tolérances et réfactions correspondantes, sont déterminés par le cahier des charges spéciales.

ORGE.

Art. 25. L'orge doit être de qualité loyale et marchande, bien sèche, coulante à la main, exempte de mauvaise odeur d'avarie ou d'altération quelconque de parasites et aussi de mélange d'autres céréales ou de graines étrangères, non récoltées avec elle.

L'orge est livrée dans son état naturel, mais sous la condition de ne pas donner un déchet supérieur à celui qui est fixé par le cahier des charges spéciales, l'épuration étant faite avec les appareils et les moyens déterminés par ledit cahier des charges spéciales.

Ce déchet ne peut dépasser 2 p. 100 à moins d'une infériorité manifeste des produits de la récolte ou d'exigences particulières aux procédés de la culture locale.

Mesurée à la trémie conique, l'orge doit, avant nettoyage opéré ainsi qu'il est dit ci-dessus, peser au moins par hectolitre (poids naturel) le nombre de kilogrammes déterminé par le cahier des charges spéciales.

Ce poids ne peut être inférieur à 60 kilogrammes pour les orges indigènes et à 58 kilogrammes pour les orges d'Algérie et de Tunisie.

L'orge devant être livrée au poids naturel, il s'ensuit que le fournisseur ne peut suppléer à ce poids par un poids réglé, c'est-à-dire en allouant pour chaque hectolitre une bonification égale à la différence entre le poids réel et le poids exigé.

FOIN ET FOURRAGES ARTIFICIELS.

Art. 26. Le foin doit être toujours de la bonne qualité de la contrée, suffisamment ressué, en parfait état de conservation, exempt d'humidité et d'altération quelconque, susceptible de fournir aux chevaux une nourriture saine et substantielle.

L'administration devra toujours exiger du foin remplissant ces conditions, sans que les fournisseurs puissent invoquer, pour fournir du foin de qualité inférieure, les accidents atmosphériques qui auraient plus ou moins altéré la récolte locale.

Tout mélange intentionnel, soit de qualités, soit de provenances différentes, est défendu formellement, pour le foin de pré comme pour les fourrages artificiels. En un mot, la denrée est livrée telle qu'on l'a récoltée et dans cet état le foin ne doit, en principe, renfermer ni poussière, ni graines de foin, ni herbes inertes (mauves, menthes, etc...) irritantes (renoncules, ciguës, colchique d'automne, etc...), narcotiques (pavots, belladone, jusquiame, stramoine, etc...), piquantes (arrête-bœuf, chardons, ronces, etc...), tranchantes (laîches, roseaux, etc...). Si ces défauts se présentent, ce ne doit être que dans la proportion où on les rencontre dans les produits des prairies bien cultivées et bien entretenues du rayon d'approvisionnement.

Ne sont admis en livraison que le sainfoin de première coupe. la luzerne de première coupe et le premier regain de luzerne.

PAILLE ALIMENTAIRE.

Art. 27. En principe, la paille de froment est seule admise. Toutefois, la paille d'avoine pourra être admise dans les fournitures de paille alimentaire dans une proportion qui sera indiquée au cahier des charges spéciales.

Quelle que soit son espèce, la paille alimentaire doit être autant que possible garnie de ses épis, en parfait état de conservation, exempte d'humidité et d'altération quelconque, propre à fournir aux chevaux une bonne nourriture et à faire une bonne litière.

L'administration devra toujours exiger de la paille remplissant ces conditions, sans que les fournisseurs puissent invoquer, pour livrer de la paille de qualité inférieure, les accidents atmosphériques qui auraient plus ou moins altéré la récolte locale.

La paille courte n'est pas admise comme paille alimentaire. Toutefois, la paille de froment, courte et brisée, provenant des régions du Midi de la France, est admise pour l'alimentation des chevaux et mulets de l'armée, sous la réserve expresse d'être composée de brins d'une longueur minimum telle qu'elle puisse tenir, sans grands déchets, aussi bien sur la fourche que dans le râtelier et d'être exempte de tous débris ou matières étrangères.

Le cahier des charges spéciales précise toujours l'espèce de paille admise dans chaque cas.

MODES DE LIVRAISON DU FOIN ET DE LA PAILLE.

Art. 28. Sauf dans le cas où les quantités de denrées mises au concours doivent servir à la constitution ou au remplacement d'approvisionnements de fourrages pressés ou dans le cas où l'exiguité des locaux servant à l'emmagasinement oblige à acquérir exclusivement des fourrages pressés pour les besoins de la consommation courante, les adjudications sont passées en mettant chaque fois en concurrence les fourrages en vrac, en bottes et pressées.

Lorsque le cahier des charges spéciales laisse toute latitude au sujet du mode de livraison, le fournisseur doit indiquer, dans sa soumission, s'il se propose de livrer des fourrages ordinaires ou des fourrages pressés, ou de la paille pressée. A défaut de mention précise, les offres sont considérées comme s'appliquant à des denrées non pressées.

En cas d'égalité de prix, la préférence est donnée aux fourrages pressés, puis aux fourrages en bottes, enfin aux fourrages en vrac.

Lorsque le cahier des charges spéciales spécifie qu'il s'agit exclusivement d'une fourniture de fourrages pressés, cette fourniture ne peut, dans aucun cas, être effectuée en foin ou en paille ordinaires.

Foin et paille pressés. — Le foin et la paille pressés sont de qualité au moins égale à celle qui est exigée pour le foin et la paille ordinaires.

Ils doivent être de la dernière récolte, suffisamment ressués au moment du pressage et remplir toutes les conditions nécessaires pour assurer une bonne alimentation.

La densité de la denrée à fournir est fixée par le cahier des charges spéciales. Selon les cas, cette densité peut varier entre un minimum de 140 kilogrammes (1) et un maximum de 300 kilogrammes au mètre cube pour le foin pressé et entre un minimum de 130 kilogrammes (1) et un maximum de 250 kilogrammes au mètre cube pour la paille pressée.

Le foin et la paille pressés sont comprimés en balles d'un poids uniforme, compris entre 50 et 100 kilogrammes; en Algérie, les balles sont de 50 kilogrammes environ, autant que possible.

La luzerne peut être pressée à la densité maximum de 225 kilogrammes au mètre cube, sous la réserve que cette luzerne sera refusée si, à l'ouverture des balles, une notable proportion

---

(1) Au-dessous de ces minima, le pressage doit plutôt être considéré comme un bottelage perfectionné que comme un pressage proprement dit et les denrées doivent être prises en compte comme foin ou comme paille ordinaires.

de feuilles ou de fleurs se trouvent séparées des tiges et réduites en menus fragments ou en poussière.

Le sainfoin ne doit jamais être pressé.

Les moyens de ligature en fer feuillard ou en fil de fer doivent être suffisamment solides pour résister pendant les transports et les transbordements.

Les balles doivent pouvoir tomber d'une hauteur de trois mètres sans que les liens se brisent. La ligature ne comporte de planchettes de soutien qu'autant que, eu égard au mode de pressage, ces planchettes sont indispensables pour que les balles réunissent les conditions requises de solidité et ne subissent pas de trop forts déchets dans les transports.

Foin non pressé. — Quel que soit le mode de livraison, le poids des quantités fournies est converti en quintaux métriques, sans acceptation d'aucune bonification.

Foin en bottes. — Le poids des bottes doit varier entre une limite minimum et une limite maximum fixées par le cahier des charges spéciales.

Les liens doivent être en foin de bonne qualité; si, exceptionnellement, l'usage de la localité est que les liens soient en paille de froment, le cahier des charges spéciales précise à quelles conditions de poids et de prix ils sont reçus.

Quels que soient les liens employés, les bottes doivent être suffisamment résistantes pour subir toutes les manipulations de chargement et de déchargement; les bottes défaites ne sont pas acceptées.

Paille non pressée. — Quel que soit le mode de livraison, le poids des quantités fournies est converti en quintaux métriques sans acceptation d'aucune bonification.

Le cahier des charges spéciales indique la limite minimum et la limite maximum entre lesquelles peut varier le poids des bottes.

Les liens doivent être formés avec de la paille de même nature que celle qui est livrée, sinon il est fait déduction de ces liens; toutefois, quelle que soit l'espèce de la paille à fournir, les liens en paille de froment ou de seigle seront toujours comptés dans les livraisons pour leur poids entier.

La ligature avec la ficelle est admise, sous la réserve expresse que la ficelle employée soit suffisamment résistante et que les bottes soient très fortement serrées.

Quels que soient les liens employés, les bottes doivent être suffisamment résistantes pour subir toutes les manipulations de chargement et de déchargement; les bottes défaites ne sont pas acceptées.

FARINE D'ORGE.

Art. 29. Cette denrée doit être brute et grossièrement moulue. Elle doit provenir d'une orge de bonne qualité, de la récolte la plus récente, exempte de toute altération et convenablement criblée avant la mouture.

Elle doit être de mouture récente.

Paris, le 16 avril 1926.

Pour le Ministre de la guerre
et par délégation :

Le Secrétaire général,
Henry HUARD.

ANNEXE.

Instruction commune à tous les prélèvements et envois d'échantillons.

§ A. — Précautions a prendre dans les prélèvements d'échantillons.

Toutes les fois que l'on aura à constituer des échantillons destinés à permettre, après leur examen, de formuler un jugement sur l'ensemble qu'ils représentent, on devra prendre toutes les précautions voulues pour que chaque échantillon ait bien la valeur moyenne de la partie ou de la totalité du lot à laquelle il se rapporte.

Si, outre le premier échantillon, il y a lieu d'en constituer d'autres, soit pour des contre-expertises, soit comme témoins, etc..., on devra les prélever tous simultanément et prendre les précautions voulues pour que tous soient bien aussi identiques que possible les uns aux autres.

Par exemple, pour un lot d'avoine, il conviendra, pour effectuer le prélèvement, de toujours réunir une quantité de denrées suffisante, puisée dans différents sacs pris au hasard, pour pouvoir, après mélange, constituer et mettre en même temps sous scellés des échantillons bien identiques (les étiquettes prévues au paragraphe F ci-après porteront naturellement les trois mêmes chiffres ou lettres de référence pour les divers échantillons identiques).

Les échantillons seront du poids net ci-après :

2 kgr. 500 pour le blé, le riz, les haricots, le sel, le sucre, l'avoine, l'orge, la farine d'orge;

4 kgr. 500 pour le foin et la paille.

Pour les fourrages pressés, on expédiera soit une balle entière en vrac, soit des fractions de balles réunies dans un sac de forte toile ou dans une caissette.

§ B. — Echantillons soumis au Ministre soit en cas de recours, soit pour examens spéciaux a faire a l'inspection générale des subsistances.

Pour tout envoi d'échantillons au Ministre (cas de recours ou sur ordre spécial), on devra se conformer aux dispositions ci-après :

Chacun des échantillons sera mis séparément sous scellés et on le munira d'une étiquette particulière du modèle figurant au paragraphe F ci-après. Cette étiquette sera signée, d'une part, par le sous-intendant (ou son suppléant) et, d'autre part, par le fournisseur ou son représentant.

Il sera en même temps établi, et spécialement pour chacun des échantillons, un bulletin particulier conforme au modèle donné au paragraphe G ci-après.

Les trois lettres ou chiffres de référence à inscrire sur l'étiquette et à reproduire sur le bulletin permettront de différencier d'une façon sûre les échantillons envoyés simultanément ou successivement d'une même place et de retrouver sans erreur possible les bulletins qui les concernent. L'établissement du bulletin précité dispensera de tout envoi à l'inspection générale des subsistances d'expéditions du procès-verbal de prélèvement des échantillons.

Le ou les bulletins seront placés dans un seul et même pli, sans lettre d'envoi ni bordereau, et adressés par la poste (sans qu'il y ait lieu à chargement) à M. l'Inspecteur général des subsistances (6, boulevard des Invalides, à Paris, VIIe), le jour même où l'échantillon aura été confié au transporteur (1).

L'envoi des bulletins devra toujours donner lieu à une lettre séparée, même si les échantillons sont confiés à la poste, et en aucun cas le bulletin d'avis ne devra être placé dans le même paquet que l'échantillon; ce paquet n'est en effet destiné à être ouvert qu'en séance d'expertise.

Si un ou plusieurs scellés sont placés pour l'expédition dans un emballage, les cinq premières indications de la ou des étiquettes devront être reproduites à l'extérieur du paquet.

Ce paquet sera expédié à l'adresse plus haut indiquée, soit par la poste, comme échantillon recommandé, soit par colis postal, soit par grande vitesse, suivant le cas. Il devra parvenir *franco* et à domicile (en suspension, d'ailleurs, des droits d'octroi pour les denrées qui y sont soumises).

§ C. — Echantillons soumis aux commissions d'appel.

Dans tous les cas où il y a lieu à prélèvement d'échantillons

---

(1) Lorsque le prélèvement aura été effectué par un suppléant, celui-ci préparera le ou les bulletins et les signera, mais il les adressera au sous-intendant militaire dont il relève, lequel en assurera d'urgence la transmission après les avoir visés et dûment complétés par les renseignements qui n'ont pas lieu d'être pris sur place.

par suite d'appel, on se conformera d'une manière générale aux dispositions susindiquées.

Il sera toujours constitué simultanément au moins deux échantillons : l'un sera mis à la disposition de la commission d'appel; l'autre pourra, en cas de recours au Ministre, servir à l'envoi prévu au paragraphe B ci-dessus.

Les échantillons identiques recevront des étiquettes identiques du modèle prévu au paragraphe F ci-après

§ D. — Procès-verbaux des prélèvements.

Les prélèvements d'échantillons ont lieu en présence du fournisseur (ou de son représentant) dûment convoqué, s'il ne répond pas à la convocation, il est passé outre. Il est toujours dressé procès-verbal de l'opération par l'autorité qui y aura procédé.

Le procès-verbal indiquera explicitement les précautions prises en application du paragraphe A pour constituer les échantillons, de telle manière qu'aucune contestation ne puisse ultérieurement s'élever au sujet de leur valeur. Ce document mentionnera, en outre, quand il y aura lieu, les dispositions prises pour mettre le lot total de denrées sous scellés; il indiquera l'importance du lot et donnera les diverses indications utiles, notamment l'ancienneté et la provenance d'origine. Il rappellera, enfin, les indications portées sur l'étiquette prévue au paragraphe F. Une expédition du procès-verbal sera mise à la disposition de la commission d'appel.

En cas de recours au Ministre, une expédition du procès-verbal de prélèvement sera jointe au dossier.

§ E. — Frais divers relatifs aux prélèvements d'échantillons.

Les emballages que comporteront les prélèvements seront fournis par le service des subsistances.

Les frais d'envoi seront avancés par l'officier gestionnaire.

Les frais d'emballage et d'envoi seront supportés définitivement par la partie qui aura été condamnée.

§ F. — Modèle de l'étiquette a mettre sur les échantillons.

Chaque échantillon recevra une étiquette du modèle ci-après.

Lorsque cette étiquette ne fait pas partie intégrante des emballages, elle devra être établie sur parchemin ou sur carton.

On pourra, cependant, s'abstenir de l'usage de l'étiquette et porter les indications ci-après prévues sur le sac ou l'emballage lui-même si elles peuvent y être nettement inscrites et y rester très lisibles :

14e CORPS D'ARMÉE

(1) Fournisseur ou représentant.
(2) Sous-intendant militaire ou suppléant du sous-intendant.

Cachet
à
la cire.

SERVICE DES VIVRES.

Localité où a eu lieu le prélèvement.. *Modane.*

Indication des trois lettres ou chiffres de référence (reproduits sur le bulletin)	D	8	K

Échantillon de.......................... *Blé.*
Date de prélèvement................... 15 *mars* 1925.

Le (1)   *Le* (2)

(Signature)   (Signature.)

---

§ G. — Modèle du bulletin d'avis de prélèvement et d'envoi d'échantillons.

14e CORPS D'ARMÉE.

Place où a été prélevé l'échantillon.......... } *Modane.*
Sous-Intendance dont relève la place ci-dessus.. } *Chambéry.*
Numéro au registre de correspondance.......... } 372.

SERVICE DES VIVRES.

Bulletin de prélèvement et avis d'envoi d'un échantillon de blé.

Reproduction des trois lettres ou chiffres de référence portés sur l'étiquette....	D	8	K

Date de prélèvement........................... *15 mars 1925.*
Mode d'envoi................................... *Colis postal à domicile.*
Description du colis envoyé.................... { *Un sac en toile dans une caisse.*
Poids de l'échantillon contenu................. *3 kilogrammes.*
Nom de l'entrepreneur ou du fournisseur (ou porter la mention : Gestion directe)........... } *M. Untel.*
Importance du lot sur lequel a été prélevé l'échantillon. *140 quintaux.*
Numéro d'ordre du lot dans le magasin (s'il y a lieu)... »
Date d'entrée du lot en magasin................. »
Causes du prélèvement. S'il y a eu refus en indiquer sommairement les motifs et mentionner enfin s'il y a eu décision d'une commission d'appel............... { *Refusé pour mauvaise odeur. Lot accepté par la commission d'appel.*
Date des cahiers des charges applicables pour l'affaire (outre le cahier des C. C. C. du 1er août 1921 (1)....... { *C. C. C. S.*

A   , le   19

(Signature.)

(1) Si l'on ne joint pas au présent bulletin un exemplaire des divers cahiers des charges visés ci-dessus, on devra copier sur le verso du bulletin (ou y annexer) les extraits conformes, nécessaires pour l'examen de l'affaire, de ceux desdits cahiers des charges non publiés avec le *Bulletin officiel,* ou bien l'on mentionnera (avec la date) l'affaire précédente à propos de laquelle ces exemplaires ou ces extraits auraient déjà été adressés.

CHARLES-LAVAUZELLE ET Cie. — PARIS, LIMOGES, NANCY. 1926.

Imprimerie militaire

CHARLES-LAVAUZELLE & Cⁱᵉ

PARIS, LIMOGES, NANCY